北海道在住のJAZZ愛好家

Mr. Vee Jay の
JAZZ 雑記帳

諏訪書房

はじめに

　ジャズとの初めての出会いは高校2年生の時である。その頃音楽といえば、映画音楽やディープ・パープル、ピンク・フロイドなどのロック、岡林信康、吉田拓郎などのフォークを聴いていた。

　ある時FM放送から、今まで聴いたことがないリズムで、とてつもなく元気の良い音楽が流れてきた。進学のために札幌に出てきて出会った友人が聴いていた音楽。それがジャズだった。それ以来、ジャズ喫茶にはまり、ずいぶん『スイングジャーナル』のお世話になった。

　社会人になり、初給料でラックスの真空管パワーアンプキット KMQ60 を感電しながら作り、憧れのスピーカー JBL4312 を手に入れ、しばらく楽しんでいた。ジャズ喫茶の音に慣れてくると、もっと良い音で聴きたいと思うようになり、借金してアルテック 620B に替えた。それは 32 年ほど我が家に鎮座していた。

結婚して子供が生まれ、しばらくジャズから遠のいていた時期もあったが、今から 15 年くらい前からまたオーディオをいじるようになり、それに伴って CD の数も増えてきた。そんな折に新卒で就職した会社の取引先で小野寺昌顕さんと知り合った。ジャズが縁で、40 年以上のお付き合いになる。

　5 年前に、小野寺さんが経営する燃料会社が発行する情報紙『Sun Clover』に、「おすすめのジャズの記事を書いてみないか」と話を持ちかけられた。何分、原稿用紙のマス目を埋めるのが大の苦手な性分なので断っていたが、熱意に負けて拙文を書くことになった。文章はともかく、ジャズの楽しさが少しでも伝われば嬉しい限りです。

Mr.Vee Jay

Mr. Vee JayのJAZZ雑記帳
CONTENTS

JAZZとの出会い

　　れは、今から40年以上前の高校2年の時に遡る。
そ　　FM放送から流れてきた音楽は今まで聴いたことが
ないリズムで、歌詞がないにもかかわらず、何か情景が浮か
んでくるような何とも言えない心地良い気持ちにさせてくれ
た。それが「JAZZ」とわかるのは、それから2年後。道東
から札幌に進学のために出てきて出会った友人が聴いていた
音楽がジャズだった。それ以来始まったジャズ喫茶通い。難
解と思っていたジャズにも聴きやすい曲があり、自然と体がリ
ズムに合わせてスイングする曲に出会うと嬉しくなった。

　ジャズ喫茶に通う楽しみに、良い曲を聴くことや買いたい
と思うレコード探しもあったが、美人のウエイトレスの存在が
大きかったかもしれない。今思えば、珈琲一杯で2時間もね
ばり、リクエストまでして居座り、店のマスターには大変申
し訳なかった。

　その後、社会に出て仕事で小野寺社長と出会い、趣味の
ジャズが縁で35年くらいの付き合いになる。最近、本誌「サ

ンクローバー」に文章を書かないかと誘われ何回か断っていたが、熱意に負けて悪文を書くはめになった。ジャズの楽しさを少しでも伝えられたらと願っている。

　「JAZZ」に出会った頃よく聴いていた曲に「枯葉─Autumn Leaves」がある。シャンソンで有名な曲だが、ジャズでも多くのミュージシャンが演奏している。中でも私の大好きなウィントン・ケリー[※1]の「枯葉」を紹介したい。本来、「枯葉」といえば哀愁を帯びた曲調に思われるが、ケリーはジャマイカ出身のせいか、ピアノの音色が明るくきらきらスイングし、気分が晴々してくる。午後のひと時、珈琲片手にゆったり聴いていただきたいおすすめの一曲だ。

※1：ウィントン・ケリー(Wynton Kelly、1931年12月2日 - 1971年4月12日)は、アメリカ合衆国のジャズピアニスト。ジャマイカ移民の息子で、10代からプロとして活躍。39歳で死去した。

　「枯葉」収録アルバム『Full View』
　　　　ウィントン・ケリー・トリオ

JAZZ喫茶の誘惑

「JAZZとの出会い」で、ジャズ喫茶通いの楽しみに、美人のウエイトレスの存在が大きいと書いたが、それはジャズ喫茶のほんの一部の店である。ほとんどの店は「私語」禁止、お喋りでもしようものなら注意され、そこにいづらい雰囲気になった。だから皆、目を閉じ、腕組みをして時折リズムに合わせて小刻みに体を動かしている。今思えば、かなり妙な空間だった。

それでもジャズ喫茶に通うのは「オーディオ」と「ジャズレコード」が絡み合い、魅力的な空間がつくり出されていたからなのかもしれない。当時のジャズ喫茶のオーディオスピーカーはJBLやアルテックが主流で、憧れのサウンドに身を置いてレコードをむさぼり聴いていた。

今は、昔からあるジャズ喫茶は減って札幌でも2～3軒になり、「私語」禁止はさすがになくなったが、日本独特の文化である「JAZZ喫茶」空間が現存している。先日、タモリも時折訪れるという東北地方、一関にある日本でいちばん

音が良いと言われているジャズ喫茶「ベイシー※2」に行って
きた。

　店内には、カウント・ベイシーをはじめ国内外のあらゆ
るジャズメンのサインや写真が壁一面に貼られていて、開店
46年の歴史を感じた。ベイシーの店主は74歳とは思えな
いほど粋でダンディな佇まいで、ジャズの伝道師にふさわし
い風貌だった。そして、まさしく小さなライブハウスでジャズ
メンが演奏しているかのごとく、等身大の音がJBLのスピー
カーから奏でられていた。私語禁止ではないが、話ができる
空間ではない。久々にジャズ喫茶の音に酔いしれて、みちの
くを後にした。

　'50年代のレコードはベイシーで甦ったが、わが家では再
生しても古さを感じ、演奏の熱意が感じられない。そこで、
皆さんにも'50年代の曲を現代に再演したCD『hat trick』
を聴いていただきたい。1曲目「リトル・メロネエ」は、ジャッ
キー・マクリーンの'55年のリーダー作品に入っている曲を

見事、現代に甦らせた熱気が感じられる。また最近、現役
復帰した大西順子の勢いの良いピアノも聴くことができる。

※2：ジャズ喫茶ベイシー
　岩手県一関市地主町7-17
　TEL 0191-23-7331
　2022年1月現在は休業中

「Little Melonae」収録アルバム
『hat trick』
JACKIE McLEAN meets
Junko Ohnishi

JAZZ Fusionの到来

ジャズを聴き始めて良いと思ったアルバムは、'50 年代半ばから '60 年代初めに録音された曲が多い。その頃ジャズ喫茶の新譜でかかっていたアルバムは、チック・コリアの「リターン・トゥ・フォーエバー」やウェザー・リポートの「ウェザー・リポート」で、2010 年に休刊になってしまった雑誌『スイングジャーナル』のジャズレコード評で 5 つ星が付いていた。それより前のマイルス・デイビスの「ビッチェズ・ブリュー」なども大絶賛されていて、ジャズ初心者の私は、少ない小遣いからレコードを買ってしまい、自分にはジャズがわからないのかと大いに悩んだものだ。

　確かに演奏メンバーには、ジョー・ザビヌルやチック・コリアなど、そうそうたるメンバーが名を連ねていて、その後のジャズ界で大きく羽ばたいているところを見ると、マイルスはやはりジャズ界の革命児だったのかもしれない。

　当時、ジャズの情報といえば、ジャズ喫茶か『スイングジャーナル』くらいしかない時代で、それを参考にするしかなかった。

しかし近年、学芸的な解説のレコード評でなく、ジャズ喫茶のマスターが一般のリスナー目線で書いた本が多く出版されて、大いに参考になった。

'70年代以降、その音楽がフュージョン※3と呼ばれ、若かった自分もいろいろ聴くようになった。好きが高じてジャズサークルをつくり、その活動の中でアマチュアグループ「シーチキン」と出会う。彼らの技術は荒いが、若さと熱気あふれる演奏に魅了された。主にウェザー・リポートの演奏をコピーしていたが、今のようにインターネットの動画もない時代。間近に観る生の演奏は迫力があった。ライブハウスでコンサートをやり、大いに盛り上がったことが思い出される。

そこで、ウェザー・リポートの曲をと言いたいところだが、ウェザー・リポートの音楽は、CDやレコードの中に納まりきらないと思っているので、ここでは、当時フュージョンの中でよく聴いていたザ・クルセイダーズ※4の「ストリート・ライフ」を聴いてもらいたい。ボーカルを初めて起用したクルセイダー

ズ最大のヒットアルバムで、今聴いても十分に楽しめる内容
だ。ノリの良いリズムとメロディーで自然に体が反応する。

※3：フュージョン（jazz fusion, fusion）は、1970年代半ばに発生した、ジャズを基調にロック
　　やラテン音楽、電子音楽、時にはクラシック音楽などを融合（フューズ）させた音楽のジャン
　　ル。ジャズの派生ジャンルとされている。
※4：ザ・クルセイダーズ（The Crusaders）は、主に1970年代に活躍したアメリカ合衆国の
　　フュージョン・グループ。ジャズという既成概念にとらわれず、さまざまなジャンルの音楽を取
　　り込んできた。

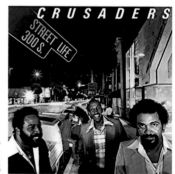

「Street Life」収録アルバム
『STREET LIFE』
CRUSADERS

JAZZボーカルの誘い

　　　AZZ を聴き始めてしばらくして歌ものを聴くことが
　J　あったが、なぜか酒が入って聴いているシチュエー
ションが多かった。ボーカルで印象に残っているものといえば、
やはりニューポート・ジャズフェスティバル※5を記録した映画
『真夏の夜のジャズ』だ。この中に出ていた、アニタ・オデ
イが JAZZ ボーカルの魅力を印象深いものにした。

　また、この映画に映し出された観客たちの豊かさに憧れを
抱いたものだ。それこそアメリカ大統領のトランプ氏が取り戻
そうとしている、古き良き時代のアメリカが描かれている。

　JAZZ ボーカルの花は何といっても女性シンガーだが、ジャ
ズバーで聴くヘレン・メリルの「You'd Be So Nice To
Come Home To」は、最高に酒と紫煙が似合っていた。

　昔は女性ボーカルといえば、ビリー・ホリデイ、エラ・フィッ
ツジェラルド、カーメン・マクレエだった。こんなことをいった
ら彼女たちを好きなジャズファンは怒るかもしれないが、私の
心には届かなかった。今や女性ボーカル花盛りで、見目麗し

い女性ボーカルが何と多いことか。

　今回紹介する女性ボーカルとしては、ヘイリー・ロレンも良いと思ったが、あまり知られていないサーシャ・ボウトロスのアルバム『サンディエゴの恋人』から、「スピーク・ロウ」にしたい。サーシャは南米・サンディエゴ出身のラテン系美女で、5カ国語を操る。15曲中、6曲をサーシャが作詞作曲しており、ボーカリストとしてだけでなくソングライターとしての才能もある。まだ若いが絶妙な歌いぶりと、安定した澄んだ声が特徴のディーバだ。特におすすめは「スピーク・ロウ」「エスターテ」「サンディエゴの恋人」で、夜、一人酒を傾けリラックスして聴いてもらいたい。

「スピーク・ロウ」収録アルバム
『サンディエゴの恋人』Sacha

※5：ニューポート・ジャズフェスティバル（Newport Jazz Festival)は、ロードアイランド州ニューポートで毎年8月に開かれるジャズ・フェスティバルである。1954年にイベント・プロモーターのジョージ・ウェインによって始められた。

映画とJAZZ

ジャズと出会うずいぶん前、テレビがまだそれほど家庭になかった時代。娯楽といえば、映画くらいしかなかった。子供が観る映画といえばディズニーの『ピノキオ』『白雪姫』『メリー・ポピンズ』『シンデレラ』で、今思えば映画の中で"サッチモ"ことルイ・アームストロング※6が歌うジャズが多く使われていた。

映画館の音響にまだステレオも普及していない時で、アルテックやJBLの劇場用スピーカーだったのかもしれない。それが最初の等身大の音楽体験だった。それ以来、映画音楽からロック、フォークを経て、ついにジャズに行きつく。

余談になるが、スタンリー・キューブリック作『2001年宇宙の旅』は、今観ても古さを感じさせない。いまだに時代を超えた傑作だと思う。登場する音楽は、クラシックの「ツァラトゥストラはかく語りき」で、映画の内容とマッチしていた。

映画で使われていた曲で好きなジャズの曲は、「Smile」だ。もともと、チャップリンの『モダン・タイムス』の中の曲で、

チャップリンが作曲したもの。のちに歌詞が付けられて、ナット・キング・コールによって歌われ大ヒットした。チャップリンの映画はどれも好きだが、特に『モダン・タイムス』は今の時代に観ても楽しくもあり、考えさせられる映画だ。

　今回紹介したい曲は、ナット・キング・コール[7]の娘のナタリー・コールが歌う『アンフォゲッタブル』の中の「Smile」だ。このアルバムは父親であるナット・キング・コールが歌った曲を 22 曲集めてレコーディングしたもの。内容は単なるヒット曲の焼き直しではなく、ナタリー・コールの個性と実力が表出している。

　バックの演奏もジョー・サンプル、アラン・ブロードベント、レイ・ブラウンと、スタープレイヤーが多数参加している点も見逃せない。できれば明かりを消して星を見上げながら聴いてほしい。

※6：ルイ・アームストロング（英語: Louis Armstrong、1901年8月4日-1971年7月6日）は、
アメリカのジャズトランペット奏者、作曲家、歌手。

※7：ナット・キング・コール（Nat King Cole、1919年3月17日-1965年2月15日）は、アメリカ
のジャズピアニスト、歌手。

「Smile」収録アルバム
『UNFORGETTABLE』
NATALIE COLE

JAZZとオーディオ①

音楽や音響に興味を持ち始めたのは、小学生用の月刊誌で、学研の『科学』の付録の鉱石ラジオがきっかけだった。コイルを巻いて、アンテナは物干しとして使用していた針金を利用し、アースは水道の蛇口に付けて。電池も電源もないのにイヤホンから音が聞こえてきたときの興奮は、今でも覚えている。高校生の頃はステレオブームで、3人に1人はスピーカーとレコードをかけるコンソールの3つにわかれたステレオを持っていて、ピンク・フロイドやレッド・ツェッペリンを大音響で鳴らして喜んでいた。

本格的にオーディオを始めたのは就職してすぐで、憧れのスピーカー JBL4312 とパワーアンプは真空管のラックス KMQ60 を感電しながら作った。真空管に赤い光が灯り、アメリカ西海岸から来た JBL から奏でられた音は今も忘れられない。真空管の魅力は、ビロードのように柔らかで暖かく透明感のある音。以来、真空管アンプにはまり、今は 300 B の球で楽しんでいる。

先日、静岡の浜松にある日本で最もオーディオにお金をかけているジャズ喫茶のひとつ、「トゥルネラパージュ※8」に行ってきた。浜松駅から歩いて10分足らずのところにあり、店に入ると奥にアバンギャルド製のオールホーンスピーカーシステム、Trio+6Basshorn（総額1,800万円）が鎮座していた。壁には'50～'60年代のレコードがきれいに飾られていて、スピーカーの上は2階まで吹き抜け。このスピーカーを置くために設計されたビルと思われる。

　それは、まるで屋外でジャズライブを聴いているような開放的な見通しの良い音で、音量も絶妙。長時間聴いていても疲れることはない。美味しい珈琲も冷めないようにポットが袋でおおわれていて、店の気遣いを感じた。

　今回おすすめのアルバムは、ハリー・アレン※9の『HERE'S TO ZOOT』。トゥルネラパージュでリクエストしたが、'60年代までのレコード・CDしかなく、残念ながら聴くことができなかった。ホーンスピーカーから奏でられるハリー・アレン

の吹くテナーサックス特有のジュルジュル感のある音が聴きたかった。特に1曲目の「I Cover The Waterfront」はテナーサックスのリードの振動感が聴ける曲になっている。わが家のオーディオのリファレンス盤として使っている。秋の夜長、ぜひジャズサックスの醍醐味を味わってほしい。

※8：トゥルネラパージュ
　静岡県浜松市中区板屋町628
　TEL 053-455-7100
　http://tournezlapage.jp/
※9：ハリー・アレン (Harry Allen)は、アメリカのジャズテナーサックス奏者。1966年10月12日ワシントンD.C.生まれ。

「I Cover The Waterfront」収録
アルバム『HERE'S TO ZOOT』
HARRY ALLEN

JAZZとオーディオ②

「J AZZとオーディオ①」でも書いたが、40年近く前から真空管アンプ※10を使っている（現在3世代目）。予算のない中で買い替えを考えて、石（半導体）のアンプもいろいろ聴き、オーディオ店と仲良くなり、自宅でも試聴してみたが、やはり最後に残るのは、いつも真空管のアンプだった。ただ真空管アンプは、これまでの経験でそれぞれの個体特性、つまり当たりはずれがあるので、音を聴いて気に入ったら同等品ではなく、多少手垢が付いていてもそのまま買うことにしている。

　なぜ真空管アンプ、特にパワーアンプは音が良いのかを自分なりに考えると、真空管の高い印加電圧の違いで、より多くの情報（電子の流れ）が、スピーカーに押し出されるからだと思われる。だから出力電圧が10Wや20Wでも十分スピーカーを駆動できるのだろう。ただし消費出力が200Wと電気を大食いするのと、夏は熱くて日中聴く気がしないデメリットはあるが、それでも、この音から離れられないでいる。

オーディオをやっていて、財力のない身でそうそうアンプ等の買い替えができるわけもなく、それでも今より音を良くしようとすると、ケーブルや電源周りに手を付けることになる。まず手始めにピンケーブルを替えて音の出方が変わり、ずいぶん『オーディオアクセサリー』誌のお世話になった。その後、スピーカーケーブルでまた音が変わり、まさか電源ケーブルで変わるはずもないだろうと眉唾もので替えてみると、ケーブルの中ではいちばん効果があった。それもパワーアンプの電源ケーブルでの影響がすさまじかった。オーディオに興味のある方は、ぜひ試していただきたい。オーディオを買い替えたのと同じほどの音の変化を楽しめるだろう。

　今回紹介したいアルバムは、音で選んでみた。Henrik Sorensen の『The Key To Your Heart』。1961年生まれのデンマーク人で 1993 年録音であることしか情報がない。ただ、中古市場で質の良いものは、新品より高い値が付くほどの作品。ピアノの音色は北欧の澄んだ空気の中をど

こまでも響きわたるようだ。クレジットにはないが、ピアノは
Fazioli だろうか。特に「Pentagun」「Chips」、アルバム
タイトルの「The Key To Your Heart」は優美で、日本人
の心の中に染み込んでくる。

※10：真空管アンプとは、レコードやCDなどの音源から出た音の信号を真空管を使用して増
　　 幅回路（アンプ）を組み、スピーカーを駆動する装置のこと。

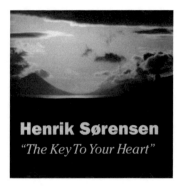

『The Key To Your Heart』
Henrik Sorensen

JAZZ Liveの楽しみ

ジ ャズライブは、夏なら屋外でビール片手にスイング したり、芝生に横になりながら聴くのも良い。冬な らスキー場のコテージで、ホットワインを呑みながら熱くなる のも良い。また、ホールで間近で観るジャズミュージシャン からは、CD・レコードではわからないタイミングの取り方や リズム感、豊かな表情などを感じ取ることができる。

　ジャズフェスティバルでロケーションが良いと思ったのは、 10 年以上前のくっちゃんジャズフェスティバル。毎年楽しみ なライブだった。蝦夷富士とも呼ばれる羊蹄山をバックに、 真夏の野外のライブは最高に盛り上がった。ぜひまた開催し てもらいたいものだ。

　ライブは曲の盛り上がりにもよるが、使用されている PA 機器（スピーカーやアンプ等）の規模によってガラッと良くも なるが、音が割れているとガッカリしてしまう。

　今まで観たライブで最高だったのはジョー・ザビヌル＆ ザビヌル・シンジケートのコンサートだ。ステージの左右に

10m くらいのスピーカーの山がそびえ立ち、屋外で大音量にもかかわらず音が割れていないので、音が身体の中にすっと染み込んであまりの心地良さに寝てしまいそうになるほどだった。あの音は CD やレコードからは出せないだろうと今も思っている。

　たいていのライブ盤は、スタジオでレコーディングしたものよりデッドなサウンドになったり、音がこもったりしている。だが、ライブ盤のほうが断然良いのが、ジャズから横道に逸れるが、イーグルスの再編成ツアーライブ盤『ヘル・フリーゼズ・オーヴァー』。「ホテル・カリフォルニア」を聴くとついつい音量を上げてしまう。

　今回紹介したいアルバムは、グレース・マーヤの『ラスト・ライブ・アット・DUG 』。東京・新宿のジャズクラブ「DUG ※11」閉店時のライブであり（その後営業再開）、グレース・マーヤのセカンドアルバムでもある。私も DUG には 17 年くらい前に行ったことがあるが、それほど広くない店内での熱いジャ

ムセッションが聴けるアルバムになっている。特に「Comin'
Home Baby」と「Sunny」からはライブのノリの良さが伝わっ
てくる。

　グレース・マーヤには、2007年のくっちゃんジャズフェス
ティバルでの新人離れした音程の良さと、英語力のすばらし
さで魅了されてしまった。このアルバムを良いと思われた方
は、デビューアルバム『The Look Of Love』も聴いてみて
ください。

※11：ジャズ喫茶＆バーDUG
　東京都新宿区新宿3丁目15-12
　TEL 03-3354-7776
　http://www.dug.co.jp/about.html

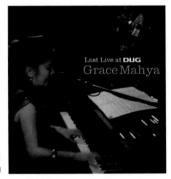

「Comin' Home Baby」「Sunny」
収録アルバム『Last Live at DUG』
Grace Mahya

JAZZジャケットの魅力

CDやレコードを選ぶ時、重要になるのがジャケットではないだろうか。試聴できないものは、いわゆる"ジャケ買い"というやつで、ジャケットで想像を膨らませて買うしかない。ジャズのジャケットは、人物が映っていないものが多い。特にヨーロッパ系は殺風景な景色や草花がジャケットになっていて、インパクトがなく、いまいち演奏内容と合っていないような気がする。

レコードジャケットは、壁にかけても、それだけでひとつのアートとして成り立つ存在だが、CDになり、そのアート的な価値もコンパクトになってしまった。昨今では、音楽をネットからダウンロードして、ジャケットやライナーノートもないのが当たり前になりつつあるが、残念だしなくさないでもらいたい。

ジャズ批評誌のジャズオーディオ・ディスク大賞の中にジャケット部門がある。これからも購買意欲をそそる作品を出してもらいたいものだ。

今回紹介したいアルバムは、ポーランドのシンプル・アコースティック・トリオ※12 の『ハバネラ』で、この群青色のジャケットを観た時、思わず吸い込まれるように見入ってしまい、ついネットで買ってしまった。

　手許に届いた CD は、デジパック仕様で光沢があり、内側の見開きの顔を上げた美少女のジャケットが、また期待をそそる。メンバーは全員ポーランド出身で、ピアニストのマルチン・ヴァシレフスキは、24 歳の若さでこの完成度の高いアルバムを作ったことになる。

　曲調は、ECM ※13 的ではあるが、感情をより表に出した感があり、自分的には好感が持てる作品になっている。この謎めいた群青色の美少女のジャケットと、シンプル・アコースティック・トリオの静なる感情のほとばしりが融合している。

　炎は温度が上がると赤から青白い色に変化する。シンプル・アコースティック・トリオも正しく、静から動へ、そして美旋律へと青白く昇華していく。

特に「Tamara」「Furiozi」「Simple Jungle」のミハウ・ミシキェヴィチのスティックさばきの切れの良い、ハイハットの音を聴いてもらいたい。

※12：シンプル・アコースティック・トリオ（Simple Acoustic Trio）は、マルチン・ヴァシレフスキ(p)、スワヴォミル・クルキェヴィチ(b)、ミハウ・ミシキェヴィチ(ds)からなるポーランドのジャズトリオ。1991年に活動を開始し、1995年にアルバム『Komeda』を発表。のちにグループ名をマルチン・ヴァシレフスキ・トリオにあらため、ECMに移籍。

※13：ECMレコード（英: Editions of Contemporary Music、ECM Records）は、1969年、西ドイツ（当時）ミュンヘンにマンフレート・アイヒャーによって設立されたレコード会社。ジャズを主としたレーベルであり、アメリカやヨーロッパ各国のミュージシャンのアルバムをリリースしている。

『Habanera』
Simple Acoustic Trio

JAZZライブハウスの楽しみ①

先日、東京と横浜にジャズを鑑賞しに行ってきた。まず1カ所目は、横浜にある、現存するジャズ喫茶で日本最古の「ちぐさ※14」。85年の歴史があり、戦前からジャズをかけ、6,000枚以上あったレコードは空襲ですべて焼けてしまったらしい。

店主の吉田衛さんが1933年開業。戦後、若かりし頃の渡辺貞夫、秋吉敏子も毎日のように通った老舗。当時レコードは高く貴重で、新しいジャズは譜面だけでは感じ取れないから、何回も同じフレーズをリクエストして聴き入っていたらしい。吉田さんが亡くなり、家族に引き継がれるも2007年、73年の歴史に幕を下ろす。しかし、元常連客や地元飲食店らが協力し、2012年に現在の場所に店を移し有志によって運営されている。店内には、ジャズジャイアンツの写真が飾られていて、熱いジャズを聴くことができた。

次に東京に足を延ばして、南青山にあるライブハウス「BODY&SOUL※15」でグレース・マーヤのライブを観てき

た。グレース・マーヤは倶知安ジャズフェスティバルで観て以来ファンになってしまい、CDはほとんど持っている。

　ライブハウスは、入れ替えなしで2ステージあるので、ジャズの演奏と食事をゆっくり楽しむことができる。観客の中に新宿「DUG」の店主、中平穂積さんが来店していて、少しだけ話をさせてもらい、一緒に写真を撮ってもらった。帰り際にグレース・マーヤにぜひ札幌に演奏しにきてほしいことを伝え、ツーショットでスマホに納まった。こういうことができるのも小さなライブハウスだからかもしれない。

　今回紹介したいアルバムは、第4回ちぐさ賞受賞者、和田明の『ESSENCE』だ。「ちぐさ」は元店主、故・吉田衛の生誕100年を記念し、2013年にCHIGUSA Recordsを設立。「日本に若いミュージシャンを育てたい」という彼の思いから制定したのが「ちぐさ賞」である。受賞者はアナログレコードとCDを制作して、全国発売する機会を与えられ、レコード発売記念ライブを実施してもらえる。

　和田明は現在34歳で、ジャズ評論家の瀬川昌久氏に「日本ジャズ界の男性ボーカリスト50年に1度の天才」と言わしめるほどの歌唱力の持ち主。当時はアルバムを見て、正直「男性ボーカルか」とあまり気乗りしなかったが、1曲目の「Skylark」を聴いて、彼のどこまでも澄んだ歌声と人を惹きつける歌唱力に圧倒された。ちぐさ賞の最終選考会で、審査員と会場のファンの心を鷲づかみにして栄光を手に入れたのもうなずける。特に「Close To You」「All The Way」がおすすめで、部屋の灯りを少し落として耳を傾けてもらいたい。

※14：ジャズ喫茶ちぐさ
　神奈川県横浜市中区野毛町2-94
　TEL 045-315-2006
　https://www.noge-chigusa.com/
※15：BODY & SOUL 新渋谷公園通り店
　東京都渋谷区宇田川町2-1 渋谷ホームズ
　B-15
　TEL 03-6455-0088
　https://www.bodyandsoul.co.jp/
　（2021年10月10日より上記へ移転）

『ESSENCE』
和田　明

JAZZライブハウスの楽しみ②

札幌のジャズライブハウスやジャズクラブには、なかなか満足させてくれる場所がなかったような気がする。「これは聴いてみたい」と思わせる人がいなかったり、キャパが狭かったりと、足を向かわせるところが少なかった。その中で昨年12月に行った「"D-Bop"Jazz Club ※16」は演奏者といい、店の広さや雰囲気といい、満足させるライブハウスだった。

"D-Bop" はオープンして5年ほど経つ。オーナーは本業で探偵会社を経営している。自らもサックスプレイヤーで、サッポロ・シティ・ジャズコンテストで4度のファイナリストとなった経歴をもつ実力者であるらしい。

その時の出演者は、笹島明夫（g）＋トリオ。ドラムは、ハービー・ハンコックのバンドに9年間在籍していたジーン・ジャクソン。すばらしいリズムを刻み、ギタリストの笹島明夫を好サポートしていた。函館出身で'75年に渡米して、現在は主にカリフォルニアで活動している笹島は、オリジナルやスタンダードをただ弾くだけでなく、どうしたら聴き手にアピールで

きるかをわかっているプレイヤーだ。

　今回紹介したいのは、"D-Bop"Jazz Club が新レーベル
を発足させた第１弾目のアルバム『AKIO SASAJIMA －
RANDY BRECKER QUINTET』の「アランフェス・スイー
ト」だ。レコーディングは札幌市南区の芸森スタジオで行われ、
ニューヨークでマスタリングされて、サウンドもジャズファンは
もちろんオーディオファンも納得できるものになっている。CD
のデザインも、レコードを思わせる溝をカッティングしたもの
になっていて、青を基調として、少し BLUE NOTE ※17 を意
識しているように思われる。

　トランペットのランディ・ブレッカーは、弟のマイケル・ブレッ
カーと組んでいたブレッカーブラザーズとして有名な人で、グ
ラミー賞も受賞している実力者だ。ほかのメンバーも大学で
教鞭を執っていたり、ウィントン・マルサリスと共演している
奏者でサポートしている。「アランフェス組曲」はクラシック
ギターの曲として特に有名だが、フラメンコ調にアレンジされ

ていて、笹島のギターとランディのミュートトランペットの哀愁と後半の情熱的なドラムソロがすばらしい。スペインの赤ワインでも呑みながら、じっくり聴いてもらいたい。

P.S. ライブを観終わった後、笹島さんと握手したが、大きなガッシリした手が印象的だった。

※16：札幌"D-Bop"Jazz Club
　北海道札幌市中央区南1条西19-291 山晃ハイツB1F(山崎建設工業ビル)
　TEL 011-613-3999
　https://www.d-bop.com/
※17：ブルーノート・レコード(Blue Note Records)は、ドイツ出身のアルフレッド・ライオンによって、1939年にニューヨークで創設されたジャズ専門のレコード会社。ジャズ界屈指の名門レーベルであり、その存在はジャズシーンに多大な影響を与えた。

『Aranjuez Suite』
AKIO SASAJIMA-
RANDY BRECKER QUINTET

JAZZライブハウスの楽しみ③

先日、札幌は北区新川の「コーチャンフォー※18」でデビッド・マシューズのライブコンサートを観てきた。出演者はグラミー賞奏者のデビッド・マシューズ (p)、札幌ジャズアンビシャスのベーシスト柳真也 (b)、ラテンジャズバイオリニストの SAYAKA(vio)、「ブエナ・ビスタ・ソシアルクラブ※19」のワールドツアーメンバーのキューバ人歌手カルロス・セスペデス、ダンサーでもありパーカッショニストの GENKI という異色のメンバーだ。

正直いって「5,000 円でディナーが付いて5名も出演して内容はどうだろう?」と思いつつ出かけた。会場はコーチャンフォーの中のレストラン「インターリュード」。ビュッフェ式のディナーで肩肘張らずに食事を楽しみ、ワインを飲んで演奏を待った。

1 曲目は、いきなり「スペイン」から始まった。チック・コリアの曲で、2 年前にチック・コリアが来札した時には聴けなかった曲だ。テンションが上がり、不安要素は一気に吹

き飛んだ。「イパネマの娘」や「コーヒールンバ」など全体的にキューバの音楽をバイオリニストの SAYAKA がメインで演奏し、MC も務めていたが、全体の構成はデビッド・マシューズがしっかりまとめているように感じた。

　SAYAKA の曲や柳真也の曲も良いが、ここで紹介したいアルバムは、デビッド・マシューズを中心にアメリカのジャズ界最高峰といえるリズム陣のエディ・ゴメス (b) とスティーブ・ガット (ds) とのトリオによる最新録音盤の『Sir,』だ。1 曲目の「Come Rain or Come Shine」は、私の好きなウィントン・ケリーも演っていてよくスイングしている。アルバムタイトル曲になっている「Sir,」はマシューズのオリジナルで 3 者がノリの良いリズムを刻む。お互いの実力を認め合い、楽しんで演奏しているのが聴いていてわかる。

　デビッド・マシューズは、古いジャズファンは知っている方もいると思うが、マンハッタン・ジャズ・クインテット (MJQ) ※20 とマンハッタン・ジャズ・オーケストラ（MJO）を 80 年代

に結成し、日本に本場のニューヨークのジャズを紹介してき

た。マシューズはピアニストだけでなくアレンジャーとして数々

のグラミー賞を受賞している。また、親日家としても有名だ。

奥さんも日本人で2013年からは日本に移住し、2018年

から千歳に住んでいるという。

　今宵は美味しいスパークリングワインでも呑みながらスイ

ングして聴いてください。

※18：コーチャンフォー（英：Coach & Four）は、北海道釧路市に本社のあるリリィアブルが展
　　開している複合商業施設。
※19：ブエナ・ビスタ・ソシアル・クラブ（西: Buena Vista Social Club）は、アメリカのギタリス
　　ト、ライ・クーダーとキューバの老ミュージシャンらで結成されたバンド。同バンドのメンバー
　　がソロアルバムを出す際等のブランド名としても使われる。
※20：マンハッタン・ジャズ・クインテット
　　（Manhattan Jazz Quintet）は、アメリカ合
　　衆国のジャズ・バンド。デビッド・マシューズ
　　（ピアノ）を中心に結成され、1984年にデ
　　ビュー。元々は『スイングジャーナル』誌とキン
　　グレコードの発案によるプロジェクトで、そ
　　の後も日本向けの活動を中心としている。

『Sir, 』
デビッド・マシューズ、
エディ・ゴメス&スティーブ・ガッド

珈琲とJAZZ

本格的な珈琲を飲み始めたのは、学生時代ジャズ喫茶に通い出してからだと思う。そのうち豆にも凝り出して、モカやキリマンジャロ、マンデリンだの3種類くらい買い、安アパートで自己流にブレンドしてジャズを聴きながらひとり悦に入っていた。今買う豆はブラジルに落ちつき、休日にミルで挽いて珈琲を楽しんでいる。

最近はアイスコーヒーにはまり、チャレンジしているが3回に1回くらいしか美味しく作れていない。作ってわかったが、アイスコーヒーの豆は個性が強いものを使い、量は2倍必要で、氷も多く使う。本当に美味しく淹れるには手間暇がかかり、金額が高くなるのもうなずける。

2017年10月、25回目になる横浜のジャズフェスティバル、横濱JAZZ PROMENADE に行ってきた。横浜の街全体がステージになっており、ホールライブ、アマチュアミュージシャン中心の街角ライブ、ジャズクラブライブと、約3,000人のプロ・アマが出演する。日本中からほとんどのジャズミュー

ジシャンが集まり、どれも観たいライブばかりだった。中でもブラジリアン・ビッグバンド、バンダ・マンダカリーニョは多国籍のスーパープレイヤー揃いで、美しいアンサンブルとダイナミックな演奏で会場を沸かせていた。夜はジャズクラブ「ドルフィー※21」で、グレース・マーヤトリオのライブを楽しんだ。秋なのに台風の影響か、気温が30度にもなり、超満員の会場は否応なしに熱い暑いライブとなり、最高に盛り上がった夜になった。

　今回紹介したいアルバムは、横濱JAZZ PROMENADEにも出演した金本麻里 with The Bop Band だ。ステージでは金本麻里が今田勝トリオをバックに、デビューアルバムに入っている「アンダルシアの風」を熱唱。その堂々たる歌唱力に、前のめりになって聴き入った。金本麻里は、「JAZZライブハウスの楽しみ①」で紹介した「ちぐさ賞」の第1回目の受賞者でもあり、その時発売されたセカンドアルバムはすでに売れ切れているが、中古でもぜひ手に入れたい1枚だ。

彼女は2017年度日本ジャズボーカル賞新人賞も受賞している実力の持ち主だ。盛岡出身で医療福祉の学校を経て、障がい者施設で働きながら活動していた苦労人である。たまたま職場の仲間と盛岡のジャズスポット「開運橋のジョニー※22」で歌っているところをスカウトされたのが、ジャズシンガーになるきっかけとなった。

　このアルバムに入っている「ホープ（希望）」はライナーノートにも書かれているように、「希望は心であり、あふれる命の輝きであり、心よ飛べ、夢見る世界へ」と歌われ、人の心に沁みわたる。バックに2管が入ったリズミックなバップバンドと、声量豊かで力強い歌声に魅了された。

　今回東京で立ち寄った、50年の歴史がある自家焙煎の店「カフェ・バッハ※23」のアイスコーヒーは極上の一杯だった。ここのバッハブレンドは、2000年の沖縄サミットの晩餐会に提供されて好評を博したのもうなずける美味しさだった。ぜひ美味しい珈琲を淹れてじっくり聴き入ってほしい。

※21：JAZZ SPOT DOLPHY
　神奈川県横浜市中区宮川町2-17-4 第一西村ビル2Ｆ
　TEL 045-261-4542
　https://dolphy-jazzspot.com/
※22：Cafe Jazz 開運橋のジョニー
　岩手県盛岡市開運橋通5-9-4Ｆ（開運橋際・ＭＫビル）
　TEL 019-656-8220
　https://www.johnny-jazz.com/
※23：カフェ・バッハ
　東京都台東区日本堤1-23-9
　TEL 03-3875-2669
　http://www.bach-kaffee.co.jp/

『金本麻里 with The Bop Band』
金本麻里

浪速とJAZZ

先日、大阪の新世界へ行ってきた。ジャズ好きな方は知っている人も多いと思われる澤野工房を訪問した。

澤野工房は、大阪通天閣の入り口、新世界市場にひっそりとある。看板には確かに「hand made JAZZ 澤野工房※24」と書かれているが、下駄や草履しか陳列されていなくて、どう見てもJAZZを商いしているようには見えない。中に入って恐る恐る「澤野工房はこちらですか」と聞くと、店の中には奥さんと思しき人と、後からわかったが澤野さんの娘さんがいて、「そうですよ」との返事。確かに店の奥にCDが置かれてあった。

澤野工房代表の澤野由明さんは、100年以上続く下駄屋の4代目で、ジャズ好きが高じて二足のワラジを履いて20年になる。

私と澤野工房のCDの出会いは、ジャズ評論家の寺島靖国氏の著書に紹介されていたのを買ったのがきっかけで、どれも

ハズレなしだ。今まで名前すら知られていなかったミュージシャンをヨーロッパから見つけ出し、CDやＬＰにしている。この20年間でわが家の澤野工房制CDは50枚くらいになった。

　澤野工房は、中山千尋や大石学など日本人ミュージシャンも発掘し、光を当てている。陽の目を見たミュージシャンの多くはその後、大手レコード会社に行ってしまい、寂しい思いをしたと著書『澤野工房物語』に書かれているが、澤野さんは本当にジャズが好きで、会社を大きくしたり、商売で大儲けしたいという思いは全くない人柄だと、直接話をして感じた。

　今回紹介したいアルバムは、澤野工房の中でも特にピアノの音色が真珠のように清楚で、奥深い艶のある輝きを醸し出しているヨス・ヴァン・ビースト・トリオの『ビコーズ　オブ　ユー』だ。ヨス・ヴァン・ビーストはオランダのピアニストで、エロール・ガーナー、アート・テイタム、オスカー・ピーターソンを聴いてジャズの虜になったそうで、気持ちを明るく高ぶらせてくれる曲調なのもわかるような気がする。

「The Shadow of your smile」は映画『いそしぎ』のテーマ曲で、マイナーな曲になりがちだが、何か希望の輝きに満ちている曲になっているのもビーストらしい。アルバムタイトルの「Because of you」はビーストの作曲で、ジャケットの女性の「あなたのせいで、こんなに苦しんでいるのよ……」と言いたげな横顔にピッタリな曲になっている。そして「In a Sentimental Mood」が極めつけで美しいメロディーが散りばめられている。

　今宵は、少し窓を開けて爽やかな夜風にあたりながら、モヒートでも呑みながらじっくり聴いてください。

※24：澤野工房
　大阪府大阪市浪速区恵美須東1-21-16
　TEL 06-6641-5015
　https://www.jazz-sawano.com/

『Because of you』
ヨス・ヴァン・ビースト・トリオ

月とJAZZ

秋の澄んだ夜空に浮かぶ月。月を見上げると気持ちが和らいだり、満月を見ると気持ちが高ぶったり（自分だけかも）、何か人を引きつける力があるような気がする。

約45億年前に地球に小さな天体が次々と衝突したことによって月が形成されたとする説が近年発表された。月の成分を研究し、この説が月の起源として有力視されているそうだ。

月に人類が初めて降り立ったのは、今から50年ほど前の1969年。アメリカのアポロ11号に乗船していたニール・アームストロング船長だった。当時、テレビに食い入るように見ていた記憶が甦る。

その頃、テレビでは『タイムトンネル』『宇宙家族ロビンソン』『サンダーバード』と宇宙に関する番組が多く、自分も宇宙飛行士に憧れてコンピューターで使われている2進数を学校の図書館で勉強し、望遠鏡で月や星を眺めていた。

1968年に公開されたスタンリー・キューブリック監督のSF映画 『2001年宇宙の旅※25』は、中学生の私を21

世紀の未来へ、そして「モノリス」という謎の物体と最強の人工知能コンピューター「HAL」の世界に送り込んだ。今観ても古さを感じさせない不滅の名作だと思う。

今回紹介したい曲は、オードリー・ヘプバーン主演『ティファニーで朝食を[※26]』の主題歌の「MOON RIVER」だ。オードリー・ヘプバーンが歌う「ムーン・リバー」もすてきだが、今回はジャネット・サイデルが歌う「ムーン・リバー」を紹介したい。

この曲が入っているアルバム『SWEET DAYS』は、1992年から2009年までの17年間に、17枚のアルバムから1曲ずつジャネット・サイデル自ら厳選したベスト盤になっている。

ジャネット・サイデルの良さは、例えていえば母親の腕の中であやされる赤ん坊のように、無抵抗にすべてをさらけ出して聴ける安心感を与える歌声にあると思う。中でも「ムーン・リバー」は短い曲だが、ジャネットの歌とハーモニカの音色が織りなす物語が目をつぶると見えてくるような気がする。

その後の「ジョニーギター」はペギー・リーが歌ってヒットしたマイナーな曲だが、ライブ盤のジャネットが歌うこのジョニーギターは感涙もので、日本でよくリクエストされたというのもわかるような気がする。

惜しくもジャネットは2017年に62歳の若さで虹の彼方に逝ってしまった。このアルバムは、彼女を知る上でベリーベストな1枚になっている。

今宵は、澄んだ夜空に浮かぶ満月に願いごとでも唱えながら聴いてみてください。

※25:『2001年宇宙の旅』(原題:2001: A Space Odyssey)は、スタンリー・キューブリックが1968年に製作・監督した叙事詩的SF映画である。脚本はキューブリックと原作者のアーサー・C・クラーク。

※26:『ティファニーで朝食を』(原題: Breakfast at Tiffany's)は、アメリカ合衆国の小説家トルーマン・カポーティによる中編小説。1961年にオードリー・ヘプバーン主演でパラマウント映画によって映画化された。

『SWEET DAYS』
ジャネット・サイデル

蕎麦とJAZZ

食べものの中で何が好きかと聞かれたら、迷わず蕎麦と答える。20代の頃から昼食は、ほぼ毎日のように仕事の出先で蕎麦屋に行っていた。蕎麦の何が好きかといえば、喉越しと、醤油から作られる出汁。それがなければ成り立たないと思う。

　世界にも蕎麦粉を使った料理はあるが、日本の蕎麦のような食べ方はないだろう。「蕎麦を手繰る」という表現があるが、これも日本独特のものだろう。西洋では音を立てて食べるのは下品とされているが、音を立てないで蕎麦を食べても美味しくない。

　60歳を過ぎて休みも少し増えた頃、遂に念願の道具を手に入れて蕎麦打ちを始めた。最初は付属のDVDを見ながら作ったが、他人様に食べさせられる代物でなく、蕎麦打ちの奥深さを知った。また、蕎麦を打つには体力が必要であることもわかった。手打ち蕎麦の値段が高いのも納得できる。

　蕎麦の三たてといって「挽きたて、打ちたて、茹でたて」

が美味しい蕎麦の条件とされるように、素人ながら蕎麦粉から作った手打ち蕎麦は美味かった。

　ピアニストで蕎麦好きの山下洋輔の著書『蕎麦処　山下庵』の中に「蕎麦もジャズもおとなのもんだ!!」とあるが、確かに子供はジャズ喫茶にはいないし、子供だけで蕎麦屋にもいないだろう。最近、軽くジャズが流れている蕎麦屋が多くなってきているような気がするが、今回はじっくり聴きたい曲を紹介したい。

　ジャズの良さはアドリブ※27の妙で、その最たるミュージシャンは、アート・ペッパーだと思う。40年近く前に札幌公演を観たが、正しく天才としか言いようがない、真似しようと思っても誰も真似できない音色の出し方、絶妙な間の取り方、インプロビゼーション※28に命を懸けた演奏が今も記憶に残っている。初期のアルバムもすばらしいが、今回は晩年の艶のあるアルトサックスが聴けるアート・ペッパー／ズート・シムズの『ART'N'ZOOT』だ。アートとズートは共に1925年生まれで、10代の頃からの知り合いだ。アートはズートを

尊敬し、演奏に感心していたらしい。この２人が録音で顔を合わせる最初で唯一のアルバムがこの CD だ。

　「WEE」はアートとズートがお互いの演奏に触発されて激しく絡み合い、高みへと向かってゆく。そして、「OVER THE RAINBOW」のアートのイントロが何度聴いてもすばらしいとしか言いようがない。アートは過去の生い立ちを吹っ切って、演奏できる悦びをこの曲に魂を込めて吹いているような気さえする。心を揺さぶられる演奏だ。

　今宵は、蕎麦にも合う、人肌に温めた美味い日本酒でも呑みながら聴いてください。

『ART'N'ZOOT』
アート・ペッパー／ズート・シムズ

※27：アドリブ（ad lib., ad lib, ad:lib）はラテン語の「ad libitum」の略であり、「好きなように」を意味する音楽用語。即興演奏・インプロヴィゼーション。
※28：インプロビゼーション
　即興（そっきょう、英：Improvisation）は、型にとらわれず自由に思うままに作り上げる、作り上げていく動きや演奏、またその手法のこと。インプロヴァイゼーション、アドリブともいう。一般には、音楽・ダンス・演劇の世界において使用される語。

愛しきJAZZ

「JAZZ ライブハウスの楽しみ③」で紹介したライブが行われたのが 2020 年 2 月 8 日で、その時は新型コロナウイルスの話題は、中国だけのことで対岸の火事だと思っていた。まさか 2 週間後に全道の小中学校が休校になり、緊急事態宣言が出て不要不急の外出を自粛要請されるとは誰も思っていなかった。

中国からヨーロッパに拡大し、3 月には WHO が「パンデミック（世界的大流行）」と表明した。全員がマスクをするようになり、人と向かい合うところにはビニールが張られ、人との距離を 2 m 開けなければならなくなった。

大好きなライブハウスも自粛で休業になり、ジャズ好きな友人にも会っていない。この新型コロナウイルスは自覚症状がなくても感染していることがあり、人にうつすかもしれないという恐怖心が働き、人と人とを遠ざけてしまう二次的弊害が発生している。今後、新型コロナが収まっても、今までのような生活に戻れないのではと心配になる。杞憂に終わってもらいたいものだ。

今回紹介したいＣＤアルバムは、外出自粛で自宅ジャズを強いられている方にぜひ聴いてもらいたい。横濱ジャズプロムナード・オールスターズの『Beginning to See the light』。このアルバムは、四半世紀以上続く横濱ジャズプロムナード※29 を立ち上げて、「ジャズの街ヨコハマ」に尽力した柴田浩一氏が2019年食道ガンになり、彼を励まそうとノーギャラで集まった柴田氏と親しいジャズメンの1日限りのジャムセッション※30 で実現した。

　「YOKOHAMA JAZZ PROMNADE ALL STARS」としての奇跡的に豪華なライブアルバム。大橋巨泉氏の娘の豊田チカが歌う「Smile」から始まり、ちぐさ賞第1回目受賞者の金本麻里が熱唱する「Caravan」へと続く。そして、ビッグバンドが好きな柴田氏のために用意した「Take the "A" train」や「Mood Indigo」でスイングする。

　最後の曲「I'm Biginning to See the Light」（希望の光が見えてきた）は、第4回目のちぐさ賞受賞者の和田明が

歌い、小川恵理紗（第3回目）、宮脇惇（第6回目）とちぐ
さ賞受賞者が参加。柴田氏の回復を願って、ジャズを愛した
柴田氏に全力で捧げている。残念ながら柴田氏は2020年
3月31日、闘病の末帰らぬ人になってしまった。

　柴田氏が好きなピアニスト、板橋文夫の「For You」が何
とも切なく哀愁が漂う。ライナーノートに「ジャズプロムナー
ドで最後に演ってほしい」とあるが、正しく柴田氏に捧げら
れた美しい曲になっている。

　この『Sun Clover』が発行される頃には、自粛要請が解
除されてジャズを聴きに行けることを切に願う。

※29：横濱ジャズプロムナード（英：
　Yokohama Jazz Promenade)は、毎年10月
　上旬の土日に神奈川県横浜市の桜木町駅、
　関内駅周辺を中心に開催されるジャズコン
　サート（フェスティバル）。
※30：ジャムセッション（英：Jam session)と
　は、本格的な準備や、予め用意しておいた楽
　譜、アレンジにとらわれずに、ミュージシャン
　たちが集まって即興的に演奏をすること。類
　似語としてアドリブやインプロヴィゼーション
　（即興）がある。

『Beginning to See the Light』
横濱ジャズプロムナード・オールスターズ

JAZZ喫茶の神髄

4年前に訪問した岩手県一関市にあるジャズ喫茶「ベイシー」がドキュメンタリー映画『ジャズ喫茶ベイシー Swifty の譚詩（Ballad）』になった。ベイシーを訪れた時、まさか、マスターの菅原正二氏自ら注文を聞きにくるとは思わず、緊張して珈琲を頼んだ気がする。マスターは自ら珈琲を運び、レコードをかけている。書籍『ジャズ喫茶ベイシー読本』の中に書いてあるように、お客の好みを嗅ぎ取って次にかけるレコードを選んでいるのだろう。

店内に入ると、正面に JBL のダブルウーハーが目に止まる。その音はジャズプレイヤーがそこで演奏しているような感覚に陥る。ベイシーのオーディオは、プレーヤーがリンソンデック LP12 以外はアンプも JBL で、音が変わったら困るので電源は切ったことがないそうだ。開店以来使用しているオーディオは変わっていないような気がするが、実は JBL のパワーアンプは同じものを合計 12 台買い、その中から篩にかけて今の 4 台が使用されているとか、カートリッジ（シュ

アー V15 Ⅲ）の針は年間 200 本も買ったことがあるとか、日々良い音を出そうと悪戦苦闘し今の形になっている。だから全国から、いや世界から "良い音" を聴きに集まるのだろう。そうでなければ米国の JBL の社長やエンジニアまでが、わざわざ 2 度もベイシーに来ないだろう。

　この映画の監督は、菅原正二氏の熱烈なファンの星野哲也氏で、初監督作品である。彼は「今年開店 50 周年になるベイシーも菅原マスターも永遠ではない。何とか記録として残したい」と、その強い思いで 5 年間、菅原氏を追い続けてベイシーでのレコード演奏を名機ナグラで録音し、映画を完成させた。この映画の公式サウンドトラック CD『プレイバック・アット・ジャズ喫茶 BASIE』も良いが、その音はぜひ映画館で堪能していただくことにして、この CD の中で紹介されているグレイトジャズトリオこと、ハンク・ジョーンズ※31 の「ラストレコーディング」を聴いてもらいたい。プロデューサーは、菅原マスターの早稲田大学の 1 年後輩の

伊藤八十八氏。SACD の立ち上げにも深くかかわり、演奏・録音・ジャケットにこだわった作品をリリースしている 88（Eighty-Eight's）レーベルだ。

　「チュニジアの夜」は言わずと知れたディジー・ガレスピー※32 の曲で、ロイ・ハーグローブのキレッキレッの演奏だ。「カンタロープ・アイランド」はハービー・ハンコックの作品をレイモンド・マクモーリンのテナーサックスとリー・ピアソンのドラムスが一層ファンキーに熱く加速している。バド・パウエルの「クレオパトラの夢」は、どちらかといえば手垢が付いた曲に思われ敬遠されがちだが、ハンク・ジョーンズのピアノは 91 歳とは思えない矍鑠とした見事な演奏になっている。今宵は美味しいつまみを用意して、冷やおろしでも呑みながらじっくり聴いてください。

※31：ヘンリー・"ハンク"・ジョーンズ（Henry "Hank" Jones、1918年7月31日-2010年5月
　　16日）は、アメリカ人のジャズピアニスト、バンドマスター、および作曲家。1989年NEA Jazz
　　Master、2008年アメリカ国民芸術勲章授与。
※32：ディジー・ガレスピー（Dizzy Gillespie、1917年10月21日-1993年1月6日）は、アフリカ
　　系アメリカ人のジャズミュージシャン。トランペット奏者でバンドリーダー、作曲家。アルトサッ
　　クス奏者のチャーリー・パーカーと共に、モダン・ジャズの原型となるスタイル「ビバップ」を築
　　いた功労者の一人。ラテンジャズを推進させたジャズミュージシャンとしても知られる。

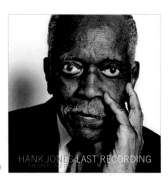

『LAST RECORDING』
HANK JONES - THE GREAT
JAZZ TRIO

007とJAZZ

先日、映画『007』シリーズの初代ボンド役のショーン・コネリー[33]氏が90歳で永眠したと新聞に掲載されていた。『ドクター・ノオ』『ロシアより愛をこめて』、日本が舞台になった『007は二度死ぬ』などに出てくる、見たことのない新しい武器や、時代の先端をいくボンドカーなどにワクワクしたものだ。そして、ボンドガールは作品に華を添えていた。

『007は二度死ぬ』に出てきたボンドカーはトヨタ2000GTで、今見ても古さを感じさせない名車だった。ジェームズ・ボンド役がショーン・コネリーからほかの俳優に変わった時は、何か違った映画を見ているような違和感を覚えたものだ。テーマ曲を歌ったシャーリー・バッシーの音楽もダイナミックで記憶に残っている。

ここで紹介したいCDが007と何か関係あるかといえば、全く関係ない。でも、いつか紹介したいと長年その時を待っていた。なぜかといえば、007の映画もそうだが、人をワク

ワクさせてくれるところや、次に何が起こるかわからないスリル、カラッとしたエロティシズム、全曲聴き終わった時の心地良い疲労感。そこが共通点かもしれない。それと、CD ジャケットのデザインが映画のイントロに出てくる 007 が放つ弾痕に似ている。デザイン的には好きになれないが、そう見るとスリルがあるかもしれない。

　今回紹介したいアルバムは、トリオ・アコースティックの『GIANT STEPS』だ。

　トリオ・アコースティックはハンガリー出身で、ピアノのゾルタン・オラーとベースのピーター・オラー兄弟を中心に1994 年に結成された。ベースのピーターは若い頃に運びやすいエレキベースを買ってきて、アンプも必要だと言うと音楽家の父親は、「そんなものを使ったら女々しい音になる」とアンプなしで練習させたという。だからピーターのベースは力強い太い音色なのだろう。

　アルバムタイトルの「ジャイアント・ステップス」ではピア

ノの目まぐるしい疾走感を味わい、「モスコー・ナイト」と「サム・アザー・タイム」は哀愁を帯びてしっとり聴かせる。

コール・ポーターの「イッツ・オールライト・ウィズ・ミー」は弾けんばかりの太いベースの音とジェットコースターのような疾走するメロディーを弾きまくるピアノに、和太鼓を叩いているのではと思わせるようなドラムの音が絡み合う。この曲は他人に迷惑がかからない程度の爆音に身をゆだねて聴いてほしい。

全曲聴き通すとダイナミックでハードかつ耽美的な演奏に、それこそハードボイルドなアクション映画を観終わった時の心地よい脱力感に襲われる。

今宵は暖かい部屋でギンギンに冷えたズブロッカでも呑んで、身も心も温めてください。

※33：サー・トーマス・ショーン・コネリー（英：Sir Thomas Sean Connery、1930年8月25日-2020年10月31日）は、イギリス（英国）スコットランド出身の映画俳優。『007』シリーズの初代ジェームズ・ボンド役で有名。2000年、英王室よりナイト（サー）に叙任された。

『GIANT STEPS』
TRIO ACCOUSTIC

スペインとJAZZ

私にとってスペインといえば、建築家のアントニオ・ガウディ※34であり、ガウディの代表作のサグラダ・ファミリア教会だ。20代の頃にガウディの建築物を何かの本で観て、惹かれるものを感じた。

　ガウディの建物は、多くの曲線をあしらいボリュームがあり、昆虫や爬虫類を思わせる一見奇抜に見えるデザインも自然に溶け込んで安心感さえ感じる。特にサグラダ・ファミリア教会は1882年に着工し、いまだに建築が手探りで進められており、完成はガウディ没後100年の2026年を目指しているらしいが、新型コロナウイルスの影響で延びるかもしれない。

　本来なら、昨年に念願のスペインに行って、今頃スペイン紀行でも書いているはずだったが、新型コロナの感染拡大で、いつ行けるか予定が立っていない。

　JAZZでスペインといえば、最近訃報が届いたチック・コリアの「スペイン」が一般的だ。特に「スペイン」の初演が入っている『ライト・アズ・ア・フェザー』が有名だが、アコー

スティックバンドの『スタンダーズ・アンド・モア』に入っている「スペイン」が好きだ。ただ、ここで紹介したいアルバムは、2020年2月にデビッド・マシューズのライブに参加していたラテンバイオリニストのSAYAKAが演奏する「スペイン」が入っている『パルマ・アバネーラ』だ。その時も「アランフェス」から「スペイン」という曲順で、一気にスパニッシュな気分に心を持っていかれた。

　このアルバムの中でフラメンコギターを奏でる柴田亮太郎は、マドリードでフラメンコギターを学んだだけあって情熱的な演奏になっている。スペインといえば、闘牛やフラメンコを思い浮かべるが、SAYAKAも情熱的なキューバ音楽に魅せられ、単身キューバで修業した。映画『ブエナ・ビスタ・ソシアル・クラブ』の出演者エリアデス・オチョアに招待されて国際ソン・フェスティバルに参加し、活躍の場を広げて、このアルバムがメジャーデビューになる。

　フラメンコギターの音色から始まる「アランフェス」から

情熱的な「スペイン」へと、聴く者をスパニッシュな躍動的気分にしてくれる。「アバネーラ」は「ハバネラ」をスペイン語的に表記したもので、キューバ音楽の最も古い舞曲。オペラ『カルメン』の中に出てくる独特のリズムを感じる一曲だ。「忘却」はアストル・ピアソラの曲で、甘美なメロディーがSAYAKAのバイオリンから優雅に奏でられる。

　どの曲も情熱的なラテンバイオリンと躍動感あふれる演奏だが、時に哀愁を帯びた曲もあり、一気に最後の一音まで聴かせる。今宵は、パエリアとキリリと冷えたスペイン産スパークリングワインCAVAでも呑んで楽しんでください。

※34：アントニオ・ガウディ（Antonio Gaudí y Cornet、1852年6月25日-1926年6月10日）は、スペイン、カタルーニャ出身の建築家。19世紀から20世紀にかけてのモデルニスモ（アール・ヌーヴォー）期のバルセロナを中心に活動した。サグラダ・ファミリア（聖家族教会）・グエル公園（1900-1914年）・カサ・ミラ（1906-1910年）をはじめとしたその作品はアントニオ・ガウディの作品群として1984年ユネスコの世界遺産に登録されいる。

『Palma Habanera』
SAYAKA

スイングJAZZ

それはラジオから流れてきた。当時（1970 年頃）、洋楽といえば、映画音楽の「シャレード」や「雨に濡れても」「白い恋人たち」などメランコリックで少し儚げな音楽が多かった気がする。時代はベトナム戦争、国内では学生運動が大きく取り上げられていた。先の見えないもどかしさが音楽にも表れていたのかもしれない。

　そんな時にラジオからとてつもない元気の良い音楽が流れてきた。数年して、それがジャズであることがわかった。その曲とは、サド・ジョーンズ～メル・ルイス・ジャズ・オーケストラの「セントラル・パーク・ノース」だった。いろいろなジャズがあるが、ジャズを聴く楽しみのひとつは、身体が自然に反応してスイングすることでないだろうか。特にライブ盤は、スイングが聴いている側に伝わり、その一体感がたまらない。ビッグバンドの代表といえば、グレン・ミラーやデューク・エリントン、ベニー・グッドマンなどあるが、カウント・ベイシー・オーケストラは聴いていて元気がもらえる。

今回紹介したいアルバムは、サド・ジョーンズも在籍していたカウント・ベイシー・オーケストラの『Basie is Back』だ。このアルバムは、カウント・ベイシー・オーケストラ結成70周年記念ライブであり、ベイシーから"スウィフティー"のニックネームを授けられた、岩手県一関市のジャズ喫茶「ベイシー」の店主、菅原氏とプロデューサーの伊藤"88"八十八氏によって実現した。創始者のカウント・ベイシー※35は1984年に他界しているが、バンドの創始者の音楽的精神が名前と共に引き継がれている珍しいバンドだ。

　このアルバムは仙台でのライブレコーディングで、選曲なども菅原氏の要求に応じて実現した最高のベイシーサウンドになっている。最初の曲「コーナー・ポケット」は1955年にフレディ・グリーンが作曲して、マンハッタン・トランスファーが歌詞付きで歌って有名になった楽しい曲だ。「セグエ・イン・C」はブラスサウンドとドラムのピッタリなタイミングがたまら

ない。「ワーリー・バード」は、ブッチ・マイルスのドラムソロがダイナミックで、音量をつい上げてしまう。そして「ジャンピン・アット・ザ・ウッドサイド」はノリノリのスイングジャズで身体が反応してくる。ベイシーのマスター菅原氏と思われるかけ声が入っていて、熱の入りようが伝わってくる。今宵は、ビッグバンドのスイングするジャズを肴に、冷えた美味い日本酒でも呑んで家で楽しんでください。

※35：カウント・ベイシー（Count Basie、1904年8月21日-1984年4月26日）は、アメリカのジャズピアニスト、バンドリーダー。スウィングジャズ、ビッグバンドの代表奏者に挙げられる。

『Basie is Back』
COUNT BASIE ORCHESTRA

囁くJAZZ

2021 年の夏は道内で猛暑日が 15 日連続となり、札幌は 97 年ぶりの 18 日間連続真夏日を記録更新した。

そんな中、新型コロナワクチンの接種が始まり、自分も無事 2 回の接種を終えることができた。

その間、非常事態宣言下での東京オリンピック・パラリンピックが開催された。東京では 1 日 5,000 人、札幌でも 1 日 500 人が新たに感染する事態になった。

野外ライブやライブハウスに行ってみたい願望もあるが、今はおとなしく自宅ジャズで楽しむしかないだろう。

今回紹介したいアルバムは、メロディ・ガルドーの『サンセット・イン・ザ・ブルー』だ。この作品は 5 目にあたり、5 年ぶりのアルバムになる。

メロディ・ガルドーは、19 歳の時に交通事故に遭い、背骨を含めて数カ所骨折し、1 年間闘病生活を強いられた。後遺症の視覚過敏のため、いつもサングラスをしているらし

んな中で曲を書き始め、その曲が世界中から注目を集めることになる。

　彼女の曲は、曇り空の向こうに微かな青空が輝いているような、少し翳りがあるが一本筋が通った慈愛に満ちた曲調になっている。

　1曲目の「イフ・ユー・ラブ・ミー」はギリシャのエーゲ海に浮かぶサントリー二島の世界一と言われる夕陽と、断崖に立ち並ぶ白壁の家が織りなすきれいな夜景の中で聴いているようで、心を鷲づかみにされメロディ・ガルドーの世界に魅了される。

　「セ・マニフィーク」はファド界のレジェンドであるアントニオ・ザンブージョとのデュエットで、夕焼けのビーチにいるような安堵感を覚える。

　「フロム・パリ・ウィズ・ラヴ」では世界中のミュージシャンがリモートで参加した。日本からはバイオリニストの寺井尚子が加わり、曲に優雅さが増し心を和ませてくれる。

店「RONDO」がある。

　ライブハウスでは「びーどろ」が懐かしく思い出される。私はその頃ジャズ好きな友だちと「Jazz 会 WYNT」というサークルをつくってレコードコンサートや機関誌の発行、アマチュアのライブ活動を行っていた。そこで知り合った小樽商大のジャズ研「シーチキン」。彼らのコンサートをびーどろで開催して、技術的には荒いが若さあふれる熱気ある演奏に大いに盛り上がった記憶が甦る。

　今回は、毎週土曜日びーどろでライブをやっていた福居良トリオのアルバムを紹介したい。福居良は今まで『シーナリィ』『メロゥ・ドリーム』『マイ・フェヴァリット・チューン』『イン・ニューヨーク』『ア・レター・フロム・スローボート』の合わせて５作品しかアルバムとして残していなかった。福居良は「昨日よりは今日、今日よりは明日、少しでも上手くなりたい」と語っていたそうだが、現状に満足しない性格に起因するかもしれない。

このアルバムはトリオのディレクターである伊藤正孝氏が、びーどろでのライブを録って本社に送り、それが実を結びセカンドアルバム『メロゥ・ドリーム』を出すことになった音源である。ベースが伝法諭、ドラムは弟の福居良則。全員 20 代後半の若さあふれる演奏が収まっている。16 分にも及ぶオリジナル曲「Mellow Dream」は、ほとばしる生々しい演奏が聴ける。アップテンポなピアノで始まり、途中からドラムとベースが絡み、さらにヒートアップしていく「Love For Sale」。ビレッジバンガードのビル・エバンスを彷彿とさせる、リリカルでメロディアスな「My Foolish Heart」。今宵はバーボンウイスキーでも傾けて素敵な演奏を聴いてください。

『LIVE AT VIDRO '77』
RYO FUKUI TRIO

※36：Jazz Cafe BOSSA
　北海道札幌市中央区南3条西4丁目 シルバービル2F
　TEL 011-271-5410
　http://www.bossa.tv/index.php

Mr.Vee JayのJAZZ雑記帳
紹介アルバム

『Full View』ウィントン・ケリー・トリオ
おすすめ曲:「枯葉」
(01. JAZZとの出会い)

『hat trick』
JACKIE McLEAN meets Junko Ohnishi
おすすめ曲:「Little Melonae」
(02. JAZZ喫茶の誘惑)

『STREET LIFE』THE CRUSADERS
おすすめ曲:「Street Life」
(03. JAZZ Fusionの到来)

『サンディエゴの恋人』Sacha
おすすめ曲:「スピーク・ロウ」
(04. JAZZボーカルの誘い)

『UNFORGETTABLE』NATALIE COLE
おすすめ曲:「Smile」
(05. 映画とJAZZ)

『HERE'S TO ZOOT』HARRY ALLEN
おすすめ曲:「I Cover The Waterfront」
(06. JAZZとオーディオ①)
※2021年9月現在、新品CD在庫切れ。
　 ストリーミングはあり。

『The Key To Your Heart』Henrik Sorensen
おすすめ曲:「Pentagun」「Chips」
「The Key To Your Heart」
(07. JAZZとオーディオ②)

『Last Live at DUG』Grace Mahya
おすすめ曲:「Comin' Home Baby」
「Sunny」
(08. JAZZ Liveの楽しみ)

『Habanera』Simple Acoustic Trio
おすすめ曲:「Tamara」「Furiozi」
「Simple Jungle」
(09. JAZZジャケットの魅力)

『ESSENCE』和田　明
おすすめ曲：「Close To You」
「All The Way」
（10. JAZZライブハウスの楽しみ①）

『Aranjuez Suite』AKIO SASAJIMA－
RANDY BRECKER QUINTET
おすすめ曲：「アランフェス組曲」
（11. JAZZライブハウスの楽しみ②）

『Sir,』デビッド・マシューズ、エディ・ゴメス＆
スティーブ・ガッド
おすすめ曲：「Come Rain or Come Shine」、
「Sir,」
（12. JAZZライブハウスの楽しみ③）

『金本麻里 with The Bop Band』
金本麻里
おすすめ曲:「ホープ（希望）」
（13. 珈琲とJAZZ）

『Because of you』
ヨス・ヴァン・ビースト・トリオ
おすすめ曲:「The Shadow of your smile」
「In a Sentimental Mood」
（14. 浪速とJAZZ）

『SWEET DAYS』ジャネット・サイデル
おすすめ曲:「MOON RIVER」
（15. 月とJAZZ）

『ART'N'ZOOT』
アート・ペッパー／ズート・シムズ
おすすめ曲:「WEE」
「OVER THE RAINBOW」
(16. 蕎麦とJAZZ)

『Beginning to See the light』
横濱ジャズプロムナード・オールスターズ
おすすめ曲:「For You」ほか
(17. 愛しきJAZZ)

『LAST RECORDING』
HANK JONES - THE GREAT JAZZ TRIO
おすすめ曲:「チュニジアの夜」「カンタロー
プ・アイランド」「クレオパトラの夢」
(18. JAZZ喫茶の神髄)

『GIANT STEPS』TRIO ACCOUSTIC
おすすめ曲:「ジャイアント・ステップス」
「モスコー・ナイト」「サム・アザー・タイム」
(19. 007とJAZZ)
※2021年9月現在、新品CD在庫切れ。

『Palma Habanera』SAYAKA
おすすめ曲:「アランフェス」「スペイン」
「アバネーラ」「忘却」
(20. スペインとJAZZ)

『Basie is Back』
COUNT BASIE ORCHESTRA
おすすめ曲:「コーナー・ポケット」
「セグエ・イン・C」「ワーリー・バード」ほか
(21. スイングJAZZ)

『Sunset in The Blue』MELODY GARDOT
おすすめ曲:「イフ・ユー・ラブ・ミー」
「ムーン・リバー」
(22. 囁くJAZZ)

『LIVE AT VIDRO '77』RYO FUKUI TRIO
おすすめ曲:「Mellow Dream」
「Love For Sale」「My Foolish Heart」
(23. Sapporo JAZZ)

あとがき

　これまでの連載「JAZZ ナビ」を本にするという話を小野寺さんから聴き、嬉しいような恥ずかしいような複雑な気持ちになった。第 1 回目から 14 回目くらいまでは、ジャズとの出会いやジャズライブの様子、オーディオの話などを少ない引き出しから書いていたが、それ以降は新型コロナウイルスの影響でライブも観に行けず、苦心惨憺の末どうにか仕上げている。中には題名と内容がこじつけっぽいところもありますが、ご勘弁ください。

　ただ、ここで紹介したアルバムは、昔『スイングジャーナル』の 5 星（拾い物オジサン）に翻弄された経験のある者としては、ジャズファンであれば買い求めたら何回でも聴けるものと確信しています。ジャズを聴かれている方で中にはオーディオファンもいると思われますが、ぜひピンケーブルや電源ケーブルを交換してみてください。オーディオの楽しさがひとつ増えると思います。

これからも自分自身もジャズの楽しさを知りたいし、オーディオの奥深さもまだまだ知りたい。そして国内のライブハウスも回りたいし、スペインに行ってガウディの建築物も観なければ虹の彼方には逝けない。

　拙い文章を本にしていただいた小野寺さんと諏訪書房の中川順一さんに、この場を借りて感謝を伝えたいと思います。ありがとうございました。

2022 年2月　　　　　　　　　　　　　　Mr. Vee Jay

「Mr.Vee JayのJAZZ雑記帳」について

小野寺燃料株式会社　小野寺昌顕

　燃料屋にならなかったら何屋になりたかったか、と聞かれたら、私はジャズ喫茶をやりたかったと答えます。レコードに囲まれ、一日中音楽を聴いていることが仕事だったらどんなに幸せだろうかと思います。でも、きっと「商売」にはならないだろうと思いますが……。

　まだ社員が少なかった頃、私も夜間の宿直をしました。宿直室用に大きなスピーカーを置いて、夜、音楽を聴いていましたが、緊急の電話が入るといけないので、スピーカーの前に電話器を置いていました。そんなことを思い出しましたので、当社のお客様向け情報誌の2016年冬号の読者プレゼントに音楽CDを選びました。『危険な関係』（Limited Edition）。映画のサウンドトラックで、私の好きな曲が入っています。

　ちょうどその頃、かつて宿直室のスピーカーを選んでくれた友人に久しぶりに会いました。彼には昔、いろいろなレコードを紹介してもらいました。私がJAZZを語るのはおこが

『危険な関係』
オリジナル・サウンドトラック
Limited Edition

仏ヌーベル・ヴァーグ時代を
代表するロジェ・ヴァディム監督
の同名映画のサウンドトラック。
哀愁漂うメロディーのタイトル曲
をブルースやサンバで楽しめます。

アート・ブレイキー＆
ザ・ジャズ・メッセンジャーズ
ユニバーサル ミュージック

ましいので、次の春号からは彼に記事を書いてもらい、プレ
ゼントCDを選んでもらうことにしました。それが「Mr.Vee Jay
のJAZZナビ」です。

　読者からのおたよりを見ると、この記事のファンもたくさん
いらっしゃるようです。連載が20回を超えましたので、今回、
『Mr. Vee JayのJAZZ雑記帳』として冊子にまとめることにし
ました。あらためて読み返し、やっぱりJAZZはいいなぁと思っ
ています。

情報誌『Sun Clover』連載に寄せられた読者のコメント

　『Mr. Vee JayのJAZZ 雑記帳』は、札幌市内で配布している無料情報誌『Sun Clover』に2016年から連載されています（連載名「Mr. Vee JayのJAZZ ナビ」）。情報誌には毎号、読者からの感想やJAZZについてのコメントが寄せられています。ここにその一部をご紹介します。

- JAZZファンです。雑誌『スイングジャーナル』のバックナンバーを読んではバップを楽しく聞いています。
- "JAZZ"と出会って40数年…プライベートタイムには、いつもJAZZがありました。今も…『Mr. Vee JayのJAZZナビ』楽しみにしています。
- Jazzはとても興味があるのですが、なかなか聴くチャンスがありませんでした。Jazz喫茶に行きたいです。
- 息子が春よりジャズサックスを始めました。CD読者プレゼントはとてもタイムリーです。
- 「Mr. Vee JayのJAZZナビ」のスペースを拡大してください。
- Mr. Vee Jayさんは、私と同年代かな。私も音楽体験を映画音楽からフォーク、そしてここ数年はJAZZにどはまりの日々。JAZZが良いものと思える年代になったのかとうれしくもあり、少々照れながらCDやアナログを聴いています。これからもMr.

Vee Jayさんからは、目を離せませんね。

●それぞれのコラムが、適度なサイズにまとめられてついつい全部読み進めてしまいますが、特にJAZZ好きの私にとっては、「Mr. Vee JayのJAZZナビ」毎回楽しみです。

●JAZZの世界は広すぎて何を聴いて良いか迷うのでとてもためになります。

●「JAZZナビ」もっとききたい。続けてほしい。

●私は、こよなくJazzを愛し、またオーディオも聞きたい音を探求し続けて40年以上余り。経済的にきびしい中なんとかして整えたオーディオ、それも大広間でなく6帖間で聴いております。それでもレコードを聴いて気持ち良く心が安まります。一番良く聴くのがオスカーピータソン。ハッピーになるリズムは最高です。オスカーの隠れた名盤「オスカーピーターソントリオ IN TOKYO,1964」。

●ジャズファン歴約50年…。「Mr. Vee JayのJAZZナビ」はいつも楽しく読ませてもらってます。そして、Jazzへの愛情は同感します。これからもどんな内容で楽しませてくれるのか！

●ジャズは始めたばかりですが、ちぐさ賞の和田明を聴いてみたいです。

●『Mr. Vee JayのJAZZナビ』で50年前の自分を思い出し、ジャズ

クラブ通いを始めました。

●JAZZのCDや札幌のクラブ等教えてください。

●そこそこJazzを聴いてきましたが、毎回「これは聴いてみたい」と思わせる内容で、楽しみにしております。

●前号の「Mr. Vee JayのJAZZナビ」の紹介で、ジャネット・サイデルさんのボーカルの紹介があり早速私CDを購入し聴きました。良かった。ベスト盤に近いコンピレーションアルバムだったので、なお良くて既に3度聴きました。深夜、大音量でタンノイから流れる彼女の声に魅せられました。私、クラシックはかなり詳しいのですが、この女性vocalには、すっかり参りました。この冊子、このコラムがなければ出会えなかったCDだと、これまた心から感謝しています。

●Devid Matthewsが2018年から千歳に住み、奥様が日本人という事実、知りませんでした。この事実だけでありがとう。

●一関ベイシーは3回行きました。いちばんの思い出はジミー・スコットをベイシーで聴いたことです。札幌から行きました！ 最高の歌声でした。ベイシーライブの打ち上げも参加しました！ ジミーの隣りで握手してもらいました！ ベイシーの映画楽しみにしております。

●読者からのお便りの「一関ベイシーに3度も行ってる」なんて、嫉妬します。私も映画を観てきました。この記事のせいで、ベイシー

（喫茶）の映画のサントラ盤LPとCDを購入、店主の菅原正二氏の著作も3冊購入、すべて、この「Mr. Vee JayのJAZZ ナビ」のおかげ（せい?）です。Mr. Vee Jay氏の紹介記事で、これまで何枚のCDを買ったことやら、罪作りな方（笑）です。でもとてもタメになり、心から感謝してます。今号のTORIO ACOUSTICも2枚、オークションで入札中です。私も生きているうちに、このコロナ禍が終わったらベイシーに必ずや行ってみます。

●「Mr. Vee JayのJAZZナビ」の熱烈な読者です。記事を拝読した後にネット検索して更に情報収集を広く行っています。コロナ禍で出歩いて古レコードを探すこともできず、ジャズの情報を漁っています。

●「Mr. Vee JayのJAZZナビ」の記事だけで、あれこれ調べ、ひっかかって読んだり、インターネットで買ったり、オークションをのぞいたりで優に3時間楽しめました。その分、出費もかさんだのは、当然です。

●たまたま最近BSで「ジャズ喫茶ベイシー」を見る機会があり、コラムを読んで納得。ハンク・ジョーンズのレコーディング（ラスト）の紹介も勉強になる。「チュニジアの夜」「クレオパトラの夢」等をよく聴くがハンク・ジョーンズのは聴いたことがない、今後聴いてみたい。札幌のジャズ喫茶は私が若い時代、ずい分あっ

たが今では淋しい限りだ。札幌もしくは近郊で営業しているところがあれば紹介してほしいと思います。ぜひこれからも「Mr. Vee JayのJAZZナビ」を続けてもらいジャズの知恵をください。

● 『Mr. Vee JayのJAZZナビ』をいつも楽しみに読ませて頂いています。次回の購入CDの参考にとても役立っています。ありがとうございます。

● 毎回、「Mr. Vee JayのJAZZナビ」を楽しみにしております。今回は「007とJAZZ」を見て「アレ、ジャズが流れたことあったかな」と思い読んでみると納得、確かにジャケットがイントロにピッタリ!! なるほどと思い感服しました。それにしてもボンド役がショーン・コネリーからほかの俳優さんたちに変わった時の違和感、同感です。ショーン・コネリーがボンド役になる時は反対もあったと聞いています。生い立ち等は全く関係ありませんね。ボンド役はまり役でした。

● JAZZといえばほとんどがアメリカ出身もしくは活動がアメリカというぐらいしか知識がありませんでした。スペインといえばフラメンコの思いがありますが…あるんですネー! スパークリングワインを呑みながらぜひスペインの「パルマ・アバネーラ」を聴いてみたいです。薄識ですがVee Jayさんのコメントをたくさん知りたいと思います。これからもいっぱい紹介してくださ

　い。楽しみにしております。

●「Mr. Vee JayのJAZZナビ」楽しく読んでいます。私にとって、なじみのない単語や人名がでてきて、スマホで調べたりします。スペインとジャズ、私の中ではうまくつながりませんが、CDを聴いてもっと深く知りたいです。

●札幌の老舗のジャズ喫茶など掲載していただきたいと思います。

●今年の札幌は17日間も真夏日が続き、参りました。「Mr. Vee JayのJAZZナビ」で一関のジャズ喫茶「ベイシー」の由来が憶測でカウントベイシーと関連があると推測してましたが、授かったんですねー！

●「Mr. Vee JayのJAZZナビ」のMelody Gardotさんの記事、15年位前にカフェをしていた頃の店内ではJAZZのCDを1枚ずつセレクトしてかけていました。この女性ボーカルが事故で視覚障害となるが…曲作りしてファーストアルバムを出しそのアルバムが心に響く作品だったので一日1回は聴いていました。CDも最近は買うこともなくCDラジカセも片隅に置いていましたが…。懐かしい気持ちで聴いてみたくなりました。

『Sun Clover』

　小野寺燃料株式会社（本社・札幌市。小野寺昌顕社長。1972年創業）が札幌市内の同社の灯油・LPガス供給先と近隣約35,000軒に無料配布する生活情報誌。創刊は2011年4月。現代美術作家・O JUN氏の絵画を表紙に採用し、地域や住まいの情報、札幌市保健局のお知らせなどの健康記事のほか、各種コラム、北海道在住アーティストの紹介など多彩な企画を掲載。本稿の元原稿は「Mr.Vee JayのJAZZナビ」として2016年冬号から連載されている。

著者紹介

Mr.Vee Jay

札幌市在住のJAZZ愛好家。楽曲だけでなく、オーディオ機器マニアでもある。1955年、網走生まれ、美幌で育つ。高校時代にFM放送でJAZZを聴き虜に。JAZZバンドの招聘やコンサートの企画・宣伝を手がけ、その活動は一般企業に勤める傍ら現在まで続く。ちなみにVee-Jayは、50年代末からジャズ作品などをリリースしたアメリカの伝説のレーベル名。

北海道在住のJAZZ愛好家
Mr.Vee JayのJAZZ雑記帳

2022年2月28日 初版第1刷発行

著者・編者　Mr.Vee Jay ／小野寺昌顕
編　　　集　サンクローバー編集室
発 行 人　中川 順一
発 行 所　諏訪書房
　　　　　　株式会社 ノラ・コミュニケーションズ
　　　　　　〒169-0075 東京都新宿区高田馬場2-14-6
　　　　　　TEL．03-3204-9401　FAX．03-3204-9402
　　　　　　URL：https://noracomi.co.jp
　　　　　　MAIL：contact@noracomi.co.jp